Sexuelle Belästigung und Anmache

in Beruf, im Studium und in der Schule

Ein Tabuthema
wird unverblümt angesprochen

Der wichtige Ratgeber,
bevor es zu spät ist

Die Zielgruppen für dieses Buch sind:

– Mitarbeiterinnen und Mitarbeiter

in Handel, Handwerk

Verwaltung und Behörden

über alle Hierarchien

– Studierende

– Auszubildende

– Praktikantinnen

– Schülerinnen der Abschlussklassen.

PremiumSeminare & PersönlichkeitsCoaching

Inhaltsverzeichnis

Grundsätzliches zum Thema	5
Deshalb bin ich zum Thema kompetent	8
Kapitel 1 – Sex mit Vorgesetzten und Kunden	12
Erlebnis zum Sex mit Vorgesetzten	18
Befragungen zum Sex am Arbeitsplatz	35
Analyse zum Sex am Arbeitsplatz	36
Sex mit Kunden incl. Erfahrungsbericht	40
Gegen sexueller Anmache im Beruf schützen:	44
Kapitel 2 – sexuelle Belästigung im Studium	53
Kapitel 3 – sexuelle Situation an Schulen	60
Mein Rat an Eltern	72
Hilfe bei Belästigung oder Anmache	75
Was tun, wenn man Sie sexuell belästigt	78

Autorenbeschreibung

Ein erfahrener Autor und Seminarleiter packt ein Tabuthema an. Langjährige Beobachtungen auf seinem erfolgreichen Berufsweg, verbunden mit eigenen beruflichen Erfahrungen, werden im Buch erläutert. Fragen und die Bitte um Rat junger Teilnehmerinnen in seinen Seminaren waren der Anstoß zu diesem Buch. Der Autor ist verheiratet und lebt in München. Im Internet finden Sie zu **Karl Hermann Künneth** oder **PremiumSeminare** weitere Informationen.

PremiumSeminare & PersönlichkeitsCoaching

Gratulation zum Kauf dieses Buches. Wenn Sie den Inhalt situationsgerecht interpretieren und berücksichtigen, dass Ausnahmen immer möglich sind, werden Sie die schwierigen Situationen der sexuellen Anmache sicherer meistern.

Das Buch ist allen Mitarbeitern und Mitarbeiterinnen, Studenten/-innen und Schüler/-innen zu empfehlen. Über alle Hierarchien hinweg. Es ist als **präventiver Ratgeber** zu verstehen.

Aus Gründen der Vereinfachung habe ich, in diesem Buch, häufig die weibliche Anrede gewählt. Bitte verstehen Sie dies nicht als Zeichen von Diskriminierung der Männer.

Die in diesem Buch beschriebenen Regeln beruhen auf Erzählungen meiner Seminarteilnehmer, auf eigenen Erlebnissen und Erfahrungen. Bedanken möchte ich mich bei den ungenannten Personen, die mir unter dem Siegel der Verschwiegenheit ihre Erfahrungen mitteilten. Ich vereinbarte mit ihnen, dass ich ihre Informationen in diesem Buch verwenden darf, wenn ich Einzelheiten so verändere, dass man die Informanten nicht identifizieren kann.

Bei der Erstellung dieses Buches wurde mit großer Sorgfalt vorgegangen, trotzdem können Fehler nicht vollständig ausgeschlossen werden. Ich kann für fehlerhafte Angaben und deren Folgen weder eine juristische Verantwortung noch Haftung übernehmen.

Für Verbesserungsvorschläge und Hinweise auf Fehler bin ich dankbar.

Bitte mailen Sie diese an:
info@premiumseminare.de

Das Buch einschließlich aller seiner Teile ist urheberrechtlich geschützt. Jede Verwertung, auch von Teilbereichen, außerhalb der engen Grenzen des Urhebergesetzes ist ohne Zustimmung des Autors unzulässig und strafbar. Dies gilt insbesondere für Vervielfältigungen, Übersetzungen, Mikroverfilmung und die Einspeicherung und Verarbeitung in elektronischen Systemen.

Grundsätzliches zum Thema

Während meiner gesamten beruflichen Tätigkeit stellte ich Folgendes fest:

1. **Es gibt Firmen, in denen sexuelle Belästigung Thema kein oder nur ein sehr kleines Problem ist**

Diese Firmen sind die Ausnahme. In ihren Führungsetagen wird ein sauberer Umgang mit dem anderen Geschlecht vorgelebt. Abweichungen werden nicht geduldet und sobald Abweichungen zur Firmenethik festgestellt werden, wird konsequent gegengesteuert.

2. **In anderen Firmen gibt es regelrechte "Heiratsmärkte" – auf solider, ehrenwerter Basis**

Das wird von der Obrigkeit durchaus positiv gesehen. Es bringt der Firma normalerweise nur Vorteile.

3. **Manche Firmen sind sexuelle Selbstbedienungsläden**

Dort wird sich über alle Hierarchien hinweg sexuell ausgelebt. Keine weibliche

Mitarbeiterin ist vor eindeutiger sexueller Anmache sicher. Wenn Sie mitziehen, werden Sie akzeptiert. Wenn Sie nicht mitziehen, sind Sie die Außenseiterin; man wird einen oder mehrere Gründe finden oder konstruieren, um sich von Ihnen zu trennen.

Als Mitarbeiter ist Folgendes zu beachten. Kommen Sie den Wünschen Ihrer Vorgesetzten nicht in die Quere. Das geht für Sie schlecht aus. Vorgesetzte haben immer den Erstzugriff.

4. Mischformen

Diese Firmen sind der große Unsicherheitsfaktor. In manchen Abteilungen wird die Anmache toleriert, in anderen nicht. Je nachdem, wie der zuständige Chef tickt. Das bemerkt man meist erst, wenn man in dieser Firma tätig ist und in Sie in die Falle gegangen sind. Überlegen Sie sich dann folgende Verhaltensweise:

1. **Change it**
2. **Love it**
3. **Leave it**

Das bedeutet für Sie:

Wenn Sie sich in einer Situation nicht wohlfühlen oder diese für Sie nicht erträglich ist, dann **Change it.** Versuchen Sie, die Situation zu ändern.

Wenn Sie dies nicht können oder nicht wollen, folgt **Love it.** Versuchen Sie, die Situation zumindest zu akzeptieren.

Sollten Sie dies ebenfalls nicht können oder sind Ihnen Ihre Situation und die Folgen zutiefst zuwider, dann bleibt Ihnen nur **Leave it.**

Das bedeutet, **verlassen** Sie die Situation.

Andere Möglichkeiten haben Sie nicht. Die Alternativen sind langfristig gesundheitliche Schäden. Dann allerdings werden Sie mit größter Wahrscheinlichkeit sowieso die Firma verlassen, freiwillig oder unfreiwillig. Ich kann Ihnen diesen

Spruch aus eigener Erfahrung als Wahlspruch für Ihr berufliches oder privates Leben nur empfehlen.

Danach zu leben ist hart, aber Sie leben besser.

Achtung bei Bewerbungsgesprächen

Glauben Sie wirklich, dass ein Vorgesetzter seine wahren Absichten schon im Bewerbungsgespräch **deutlich** erkennen lässt?

Dies ist für eine Bewerberin ein Warnsignal.

Vor kurzem erzählte mir eine junge Frau, dass sie im letzten Bewerbungsgespräch von ihrem möglicherweise künftigen Chef nach ihrem Freund und ihrer Beziehung gefragt worden sei.

Nach dieser Frage ist Vorsicht empfehlenswert. Hören Sie im weiteren Bewerbungsgespräch genau zu. Achten Sie auf Zwischentöne.

Deshalb bin ich zum Thema kompetent

Als Azubi überraschte ich meinen Vorgesetzten in seinem Büro in zärtlicher Umarmung seiner Sekretärin. Dies war meine erste Erfahrung mit Sex im Beruf.

Der Chef war ein guter Bekannter meiner Familie und verheiratet. Sie war ledig. Vonseiten meines Chefs konnte ich keine Veränderung in seinem Verhalten mir gegenüber bemerken. Bei seiner Sekretärin war ich unten durch.

Den nächsten Kontakt zum Thema hatte ich Mitte 20 als Revisor einer Lebensmittelkette. Sowohl die Chefs aus der Zentrale als auch einige meiner Kollegen bedienten sich bei willigen Mitarbeiterinnen – dies meist anlässlich der Eröffnung neuer Filialen. Druck auf Mitarbeiterinnen konnte ich nicht feststellen. Die Gewährung von Vorteilen war nicht ungewöhnlich.

Dabei ist mir aufgefallen, dass die Initiative auch von Mitarbeiterinnen ausging. Sie dienten sich meinen Kollegen mehr oder weniger unverblümt an.
Ab und zu hatte ich den Eindruck, dass es für diese Mitarbeiterinnen etwas Besonderes sei, den Vorgesetzten ins Bett zu bekommen.

Ansehen bei ihren Vorgesetzten hatten diese Mitarbeiterinnen nicht. Teilweise wurden sie auch weitergereicht und danach fallen gelassen.

Später war ich überwiegend im Außendienst oder als Vorgesetzter von Außendienstmitarbeitern tätig. Dort bemerkte ich frühzeitig, dass Vorgesetzte ihre Machtposition ausnutzten. Es gab keinen Unterschied zu meinen früheren Erfahrungen. Ermunterungen von Kollegen seitens der Mitarbeiterinnen waren nicht selten.

Später, als ich in einer Zentrale tätig war, stellte ich zusätzlich fest: Als ranghoher Vorgesetzter hat man bei Mitarbeiterinnen Chancen. Diese würden einen rangniedrigeren Mitarbeiter normalerweise nicht eines Blickes würdigen.

Deshalb halte ich Folgendes fest:

1. Macht, macht sexy.
2. Die sexuelle Initiative geht etwa im gleichen Umfang sowohl von Vorgesetzten als auch von Mitarbeiterinnen aus.
3. Eine Frau ist in keinem Alter vor sexueller Anmache sicher.
4. Auch Männer sind sexueller Anmache durch weibliche Vorgesetzte ausgesetzt.
5. Allerdings nicht im gleichen Ausmaß wie Frauen.

Ihr

K. H. Lüth

Karl Hermann Künneth

Kapitel 1 – Sex mit Vorgesetzten und Kunden

Hüten Sie sich vor diesen Fallen oder nutzen Sie die Chancen! Sie entscheiden über Ihren Körper und berufliche Laufbahn!

> *Alle Männer haben nur zwei Dinge im Sinn: Geld ist das andere*
> Jeanne Moreau (*1928), französische Schauspielerin

Einleitung

Wahrscheinlich haben Sie, wie eine Vielzahl von Mitarbeiterinnen und Mitarbeitern auch, <u>gedanklich</u> schon einmal mit Ihrem Vorgesetzten oder als Vorgesetzter mit weiblichen Mitarbeiterinnen geschlafen. Vielleicht haben Sie sich auch einfach nur vorgestellt, wie es wäre, Sex mit ihnen zu haben.

Vom Prinzip her spricht nichts gegen solche Gedanken.

Auch nichts gegen deren Ausführung.

Ich habe bewusst die Situation – weibliche Vorgesetzte wünscht Sex mit männlichen Mitarbeitern – nicht ausführlich beschrieben. Obwohl diese Situation wesentlich häufiger eintritt, als sich die meisten Leser vorstellen.

Als Mann sollten Sie sich die nachstehenden Empfehlungen gut merken. Der Unterschied besteht lediglich im Geschlecht. Ansonsten können Sie die gleichen Empfehlungen anwenden.

Generell sollten Sie wissen, dass Karriere die folgenden Voraussetzungen hat:

1. **Kompetenz und Leistung**
Das geht am schwersten und langsamsten. Dieser Weg ist jedoch nachhaltig.

2. **Sex**
Mit dieser Methode geht es meist sehr schnell aufwärts. Allerdings ist die Gefahr, dass es schnell wieder abwärtsgeht, sehr groß. Die Nachhaltigkeit ist meist von anderen Personen abhängig und häufig nicht sehr stark.

3. Die Kombination Kompetenz, Leistung und Sex

Unabhängig davon, wie man diese Methode bewertet, steht fest: Richtig organisiert, ist sie schnell und nachhaltig. Dies wurde mir auch von mehreren betroffenen Mitarbeiterinnen bestätigt.

Ich gehe in diesem Kapitel auf die Voraussetzungen für den Erfolg dieser Methode ein.

Darüber hinaus werde ich mir nicht anmaßen, meinen Leserinnen und Lesern eine Empfehlung für oder gegen eine dieser Möglichkeiten zu geben. Das muss jeder Leser für sich selbst entscheiden. Jeder ist Herr über seinen Körper und muss mit seinen Ehrbegriffen, seinem Gewissen und seinen Selbstwertgefühlen selbst klarkommen.

Unbestritten ist: Ihre Entscheidung für eine dieser drei Wege hat Auswirkung auf Ihr berufliches und privates Leben incl. Einkommen und Lebensstandard.

Sie bestimmen letztendlich selbst darüber.

Die nachfolgenden Punkte sollten Sie bei der praktischen Ausführung beachten, wenn es später nicht zu größeren Ärgernissen oder gar Katastrophen kommen soll.

Auch vor bösen Überraschungen ist man, wenn die nachstehenden Punkte beachtet werden, in diesem Zusammenhang meistens gefeit.

1. Schlafen Sie mit Vorgesetzten nur, wenn Sie nüchtern sind

Es wäre eine Katastrophe, wenn Sie sich am Folgetag nicht mehr an alle Einzelheiten erinnern könnten, die Sie in dieser Nacht getan oder gelassen haben. Besonders gefährdet ist man nach Betriebsfeiern, wenn man nicht mehr vollständig nüchtern ist. Verzichten Sie in diesem Zustand auf jede Art von Annäherungsversuchen oder akzeptieren sie gar. Geht die Initiative von Ihrem Vorgesetzten aus, vertrösten Sie ihn auf die nächste Gelegenheit, weil z.B. in nüchternem Zustand beide Seiten mehr davon haben. Dies natürlich nur, wenn Sie bereit sind, das Angebot anzunehmen. Sollten Sie die Avancen ablehnen, machen Sie dies frühzeitig. Je länger Sie mit Ihrer Absage warten, umso schwieriger oder verletzender wird sie.

Wenn Sie jedoch Alkohol benötigen, um mit Ihrem Vorgesetzten zu schlafen, lassen Sie es. Vermeiden Sie schon im Ansatz die garantiert folgenden Probleme.

2. Überlegen und regeln Sie rechtzeitig, wie es nach bzw. am Ende der Beziehung weitergehen soll

Was beabsichtigen Sie? Planen Sie lediglich einen <u>One-Night-Stand,</u> eine längere Affäre oder den Start einer Dauerbeziehung?

Letztere ist nur zu empfehlen, wenn der Vorgesetzte keine Lebensgefährtin hat, nicht in einer eheähnlichen Gemeinschaft lebt oder gar Familie hat.

Sollte einer dieser Punkte zutreffen, halten Sie sich zurück, bis die Situation Ihres Vorgesetzten entspannt ist. Dann wissen Sie, woran Sie sind.

Machen Sie es sich nicht leicht. Einen One-Night-Stand können Sie sich wahrscheinlich vorstellen.

Denken Sie nicht, dass sich eine einmalige Beziehung immer leicht beenden lässt. Wenn Sie dies glauben, sind Sie naiv.

Es ist für Ihren Vorgesetzten in der Folgezeit sehr bequem, im Bedarfsfall auf Sie zurückzugreifen, denn Sie sind am Arbeitsplatz ständig ansprech- und verfügbar.

„Einmal ist keinmal" ist zum Beispiel in dieser Situation eines der vielen starken Argumente, Sie vom erneuten Sex zu überzeugen.

Spätestens in dieser Situation müssen Sie die Initiative ergreifen, um klar Schiff zu machen. Ansonsten kann diese Situation zur „Never Ending Story" werden.

Sicher können Sie sich nicht vorstellen, wie sich eine derartige Situation ausweiten kann.

Eine Erpressung der Mitarbeiterin nach wiederholtem Sex durch den Vorgesetzten, auch Kunden oder andere nahestehende Personen, in verschiedenen Variationen zu Diensten zu sein, ist keine große Ausnahme.

Wollen Sie das? Nein. Dann sorgen Sie vor.

Erlebnis zum Sex mit Vorgesetzten

Christine (33), Kundendienstleiterin:
„Ich habe *im Job* direkten Kundenkontakt und bin deshalb immer schick angezogen. Mein letzter *Chef* war attraktiv, wir hatten aber eine rein berufliche Beziehung. *Sex am Arbeitsplatz* gibt nur böses Blut, dachte ich immer! Bis ich eines Tages am *Schreibtisch* zu Mittag gegessen habe, weil ich

keine Zeit hatte, in die Kantine zu gehen. Ich wusste gar nicht, dass mein Chef auch dageblieben war. Er kam von hinten auf mich zu und hat mich sanft im Nacken gestreichelt. Ich fühlte mich unwohl dabei und war gleichzeitig erregt. Wir sind beide in seinem *Büro* gelandet, haben abgeschlossen und uns wild geliebt – nur aus *Lust am Sex*. Das hat sich zwar nicht wiederholt, aber ich war trotzdem erleichtert, als ich in eine andere Abteilung versetzt wurde."

Eine Affäre müssen Sie auf jeden Fall sehr, sehr vertraulich behandeln

Genießen Sie den echten <u>One-Night-Stand.</u> Behalten Sie ihn, hoffentlich, in bester Erinnerung. Schweigen Sie darüber wie ein Grab. Sprechen Sie darüber nie mit Ihrer besten Freundin, mit Freunden oder Bekannten. Auch nicht mit dem Hinweis auf die Vertraulichkeit der Information. Dieser Hinweis ist mit

größter Wahrscheinlichkeit das Startsignal, um Ihre Bitte nicht zu erfüllen.
Der Grundsatz der absoluten Diskretion gilt für alle beruflichen Sexerlebnisse. Egal, gegenüber wem.
Garantiert kommt, wenn Sie nicht den Mund halten, früher oder später im beruflichen Umfeld, insbesondere bei neidischen Kollegen, das Gerücht auf, dass Sie nur deshalb Sex mit dem Chef haben oder hatten, um sich berufliche Vorteile zu verschaffen. Möglicherweise, um eine bessere Position, mehr Einkommen bzw. andere Vergünstigungen zu erhalten. Übersetzt bedeutet das: sich hochschlafen.

Berücksichtigen Sie immer: Über Vorgesetzte negativ zu reden, ist für Mitarbeiter häufig gefährlich und risikoreich. Eine Kollegin oder einen Kollegen auf gleicher oder niedrigerer Hierarchiestufe kann man wesentlich ungefährlicher in den Schmutz ziehen.

Nicht zu vergessen sind...

a. die Auswirkungen auf Ihre eigene Beziehung oder Ehe, wenn darüber „hinter vorgehaltener Hand" geredet wird. Glauben Sie mir, wenn Sie nicht zu 100 % dichthalten, wird früher oder später darüber geredet und Ihr Partner wird es erfahren.
b. die möglichen Folgen für Ihren Chef.
Ihre Kollegen werden behaupten, dass man nur mit ihm schlafen muss, um sich Vorteile in der Firma zu verschaffen.
c. Ganz schlimm wird es, wenn ein oder mehrere Mitarbeiter versuchen, den Chef mit ihrem vermeintlichen Wissen über die sexuelle Beziehung zu erpressen.

Das ist alles schon häufiger passiert als Sie sich vorstellen können. Ich hoffe, Ihnen und Ihrem Vorgesetzten bleibt es erspart.

Klären Sie frühzeitig, wie es am Ende der Beziehung oder wenn sie auffliegt, weitergeht.

Bedenken Sie Folgendes:
Eine Armee von Scheidungsanwälten lebt sehr gut von der Tatsache, dass ein Ehevertrag **nicht am Anfang** einer Ehe, sondern besser noch vor der Trauung unterzeichnet wird.

Glauben Sie wirklich, dass es zum Zeitpunkt, wenn es in der Ehe kriselt und man wahrscheinlich auf eine Scheidung zusteuert, noch zu einem Ehevertrag kommt?

Ähnlich ist es beim Sex mit dem Vorgesetzten. Vereinbarungen, wie es nach dem Ende der Beziehung weitergeht, werden am erfolg- und aussichtsreichsten gleich am Anfang der Affäre getroffen. Am erfolgreichsten, bevor man sich darauf einlässt.

Während Ihre Beziehung läuft, wird es kaum Probleme zwischen Ihnen und Ihrem Vorgesetzten geben. Gefährlich wird es, wenn sie sich dem Ende nähert. Dann kann es schnell kritisch oder gar schmutzig werden. Meist verdrängt dann ansteigende Frustration, die bis zu Hass führen kann, die bisherige Leidenschaft. Der Verstand setzt in dieser Situation aus. Emotionen rücken an erste Stelle des Handelns, das Chaos beginnt.

Wenn Sie den Mut haben, sich auf eine Affäre mit einem Vorgesetzten einzulassen, sollten Sie auch die Weitsicht und den Mut haben, das Ende zu planen. Wenn das für Sie klar ist, benötigen Sie nur noch Rückgrat, diese mit größter Wahrscheinlichkeit eintretende Situation bald und schnellstmöglich anzusprechen und mit Ihrem Vorgesetzten mit viel Coolness auszudiskutieren und klare Vereinbarungen zutreffen. Natürlich, bevor die Situation eintritt.

Während der Zeit der Leidenschaft können Sie diese Probleme ohne Hektik und Ärgernisse sensibel klären. Behalten Sie als Frau die Initiative. Männer gehen diesem Thema lieber aus dem Weg. Es ist im Augenblick bequemer. Dabei kommt das Thema sicher früher oder später aufs Tablett. Sie können diese Situation leicht abfedern.

Deshalb nochmals mein Rat. Sprechen Sie das Thema gleich am Anfang Ihrer Beziehung, wenn alles noch voller Leidenschaft, Freude und Harmonie ist, offensiv an. Klären Sie zu diesem Zeitpunkt die Möglichkeiten.

Eventuell müssen Sie oder Ihr Chef die Abteilung oder gar die Firma wechseln. Das kann durch sehr diskretes beiderseitiges Verhalten während der Beziehung möglicherweise verhindert werden. Sollte es notwendig werden, ist es äußerst vorteilhaft, wenn diese Rochade vorher geklärt ist: Wer geht, wer bleibt?

Ganz schwierig wird beiderseitiges vernünftiges Verhalten während der Phase, in der die Beziehung langsam endet. In dieser Situation sind wirklich überlegtes

Handeln und Verhalten angesagt, allerdings ist dies eher sehr selten. Denken und handeln Sie jetzt nicht mehr mit Ihrem Unterleib, sondern mit dem Kopf. Nur so können Sie größeren „Flurschaden" vermeiden.

In diesem Buch berichte ich über einige wahre Begebenheiten. Daraus können Sie die richtigen Rückschlüsse ziehen.

Ganz wichtig: Legen Sie sich eine dicke Haut zu. Gerüchte, Geschwätz, Getratsche und Unterstellungen wird es früher oder später bestimmt geben. Sie werden Freunde unter Kollegen verlieren, denn man neidet Ihnen möglicherweise die Beziehung.

Zeigen Sie nie, dass Sie einen direkteren, anderen Draht oder Zugang zum Vorgesetzten haben. Auch darauf reagieren Kollegen meist sehr missgünstig, selbst dann, wenn sie daraus Vorteile ziehen.

Andererseits werden Sie neue Freunde gewinnen, die sich von Ihren guten Beziehungen zum Vorgesetzten Vorteile versprechen. Dies natürlich nur in der Zeit, in der die Beziehung besteht. Sie werden staunen, wie schnell Sie die allermeisten dieser Freunde verlieren, wenn die Beziehung beendet wird oder ist.

Lassen Sie sich nie vor den Karren anderer spannen, um Ihren kurzen Weg zum Vorgesetzten für deren Ziele zu nutzen.

In diesen beiden Fällen würden Sie durch Ihre Verhaltensweise bestätigen, dass Sie ein anderes Verhältnis zum Vorgesetzten haben als die anderen Mitarbeiter.

Stellen Sie sich die hämischen direkten und indirekten Kommentare vor, wenn die Beziehung beendet ist und Ihnen der kurze Weg zum Vorgesetzten nicht mehr möglich ist.

Ganz realistisch betrachtet gibt es keine Hinderungsgründe, einige schöne Stunden mit Ihrem Chef im Bett zu erleben.

Auch sich hochzuschlafen ist nicht zu verdammen. Es gibt Vorgesetzte, die so führen, damit sie ihre sexuellen Bedürfnisse leichter befriedigen können.

In einer solchen Situation sind Sie allerdings jederzeit auswechselbar. Im aktuellen Zeitraum sind Sie die „Neue", die ausprobiert wird. Und wenn eine andere „Neue" in die Firma eintritt, kommt möglicherweise diese dran. Sie werden dann abgeschoben.

Stellen Sie sich auch die Frage, was passiert, wenn Sie beim Angebot Sex gegen Beförderung nicht mitspielen.

Dann wird unter Umständen eine Person befördert und Ihre Vorgesetzte, mit der Sie möglicherweise nicht harmonieren.

Die Folge wäre möglicherweise, dass Sie rausgemobbt werden. Dann müssen Sie sich einen neuen Arbeitsplatz in einer anderen Firma oder Abteilung suchen. Würde Ihnen das gefallen?

Wenn Sie Pech haben, beginnt dort das Spielchen erneut.

Wenn Sie sich dieser Punkte bewusst sind und sollten nicht nach den Regeln Ihrer derzeitigen Firma oder Abteilung spielen können oder wollen, wechseln Sie die Firma oder Abteilung. Aber erst, nachdem Sie den nachfolgenden Spruch für sich geklärt haben:

1. **Change it**
2. **Love it**
3. **Leave it**

Diese drei Punkte wurden bereits auf Seite 6 erläutert.

Sie sollten mit Ihrem Chef kein Bettabenteuer eingehen, wenn...

Sie in eine funktionierende Beziehung einbrechen oder Ihre eigene Beziehung gefährden.

Sie hoffen, dass aus einer Büroaffäre eine Ehe wird. Hoffen dürfen Sie schon. Dass dies geschieht, ist eher unwahrscheinlich und höchst selten.

Nach Umfragen liegt die Wahrscheinlichkeit, dass aus einer Affäre eine Ehe wird, bei 3 %.

Angeregt zu diesen Ausführungen wurde ich durch Erfahrungen in meinem beruflichen Umfeld und im Internet unter *www.rockundliebe.de*

Über die Situation Sex mit dem Vorgesetzten oder Kollegen können Sie in den verschiedensten Foren im Internet jede Menge ernsthafte Meinungen lesen. Ebenso sehr viel „bigottes Gelaber. "

Die meisten Beiträge sind anonym verfasst, was schon genügend aussagt. Wer zu seiner Meinung steht, sollte sich nicht verstecken, sondern sich dazu bekennen. Natürlich gibt es Ausnahmen.

Wer sich nur anonym erklärt, soll besser den Mund halten. Letztendlich entscheiden jede Person und zumindest ein weiterer Betroffener selbst, wie weit man geht.

Ich halte nichts von Vorverurteilungen. Die wirkliche Situation erfährt man als Außenstehender sowieso nicht vollständig.

Toleranz ist für Außenstehende angesagt und zu empfehlen. Keine Vorverurteilung, wenn man nicht alle Fakten kennt.

Wer völlig frei von Sünden, auch den gedanklichen, ist, der werfe den ersten Stein. Das ist eine gute Empfehlung, die ich jeder Person, die sich zum Richter berufen fühlt, empfehle.

Und so sollten Sie sich bei eindeutigen Angeboten durch Ihren Vorgesetzten verhalten...

Ich wiederhole es nochmals. Eine Frau kann in jedem Alter in diese Situation kommen. Ich hoffe, Sie sind sich dieser Tatsache immer bewusst. Wahrscheinlich werden die eindeutigen Angebote mit zunehmendem Alter weniger.

Voraussetzung für die Einhaltung der nachstehenden Empfehlungen ist, dass Sie nicht überrumpelt werden, sondern in Ruhe überlegen können.

Wenn Sie das Angebot <u>nicht</u> annehmen wollen

Lehnen Sie es ab, ohne verletzend zu werden. Freundlich, bestimmt und unmissverständlich. Zerschlagen Sie kein Porzellan. Wahrscheinlich werden Sie weiter zusammenarbeiten müssen. Wecken Sie auch keine Hoffnung, auch nicht die kleinste, dass Sie Ihre Entscheidung jemals ändern werden.

Verweisen Sie zumindest auf...
a. Ihre eigene harmonische Beziehung.
b. seine familiäre Situation.
c. Ihren Gewissenskonflikt.
d. die gute Zusammenarbeit, die Sie nicht gefährden wollen.

Achten Sie auf Ihre richtige Wortwahl.

„Ich habe **derzeit** eine gute Beziehung."
Ist ungünstig, denn das könnte bedeuten: Wenn meine Beziehung in Zukunft wackelt, bin ich zu haben.

„Ich möchte in keine bestehende Familie einbrechen." Das kann so ausgelegt werden: Wenn seine Beziehung beendet ist, darf er wieder anklopfen. Nicht schlecht, wenn Sie dies beabsichtigen.

Formulieren Sie eindeutig, verbindlich, unmissverständlich.

Berücksichtigen Sie immer: Es ist unerheblich, was Sie meinen. Wichtig ist, was von Ihrem Vorgesetzten verstanden wird.

Auf keinen Fall verweisen Sie auf frühere schlechte Erfahrungen. Dies bedeutet: Sie haben sich schon mal herumkriegen lassen. Ihr Chef wird sich wahrscheinlich nicht damit abfinden wollen, dass ihm dies nicht ebenfalls gelingt.

Betonen Sie stattdessen, dass Ihre gesamte Erziehung darauf ausgerichtet war, keine anderen Personen zu verletzen.

Das Angebot ist interessant. Sie beabsichtigen, es <u>anzunehmen.</u>

Jetzt beginnt ein Deal.
Sie sollen für eine Gegenleistung mit Ihrem Chef in die Kiste hüpfen.

Deshalb müssen Sie sich klug verhalten und verhandeln. Das mag hart klingen, aber diese Verhaltensweise wird später Enttäuschungen verhindern oder zumindest mindern.

Eiserne Grundregeln

Zuerst erfolgt die versprochene Leistung Ihres Vorgesetzten – die Beförderung, eine finanzielle Verbesserung oder die Erfüllung eines Versprechens.
Beachten Sie Fristen wie Probezeiten oder Ähnliches.

Danach, wenn alles festgezurrt ist, erfüllen Sie, hoffentlich, die Erwartungen Ihres Vorgesetzten.

Andersrum wird kein Schuh draus oder nur ein ausgesprochen schlecht sitzender.

Sie werden diese Verhaltensweise mit Sicherheit bereuen.

Auf das Argument des Vorgesetzten, er könne seine Zusage nicht so schnell erfüllen, **müssen** Sie kühl reagieren.

Ihr Verstand und nicht Ihr Unterleib muss entscheiden.

Betonen Sie, dass Ihnen das Warten auch nicht leichtfällt, aber es für alle Beteiligten besser ist, um spätere Enttäuschungen zu vermeiden.

In dieser Situation sollten Sie auch einen weiteren Punkt vorher vollständig klären.

Zur Erinnerung, der Punkt umfasst:

Klären Sie jetzt, wie es am Ende der Beziehung oder wenn die Affäre auffliegt, weitergeht.

Ich sage Ihnen schon jetzt: Wenn Sie dies übersehen, kommen viel Leid und Stress auf Sie zu.

Hinweis: Einige der in diesem Kapitel genannten Beispiele und Statistiken sind im Internet unter www.spiegel.de/karriere zu finden.

Befragungen zum Sex am Arbeitsplatz

Nun einige Ergebnisse zum Thema.

28 % der Befragten hatten nach einer aktuellen Befragung von „New Woman" schon einmal Sex im Büro.

25 % der befragten Frauen nannten als beliebtesten Platz für Sex am Arbeitsplatz das Büro des Partners.

16 % bevorzugen ihr eigenes Büro.

Dann folgen mit

16 % die Toilette,

12% das Büro vom Chef,

9 % der Aufzug,

5 % der Firmenparkplatz,

4 % die Kantine,

4 % ein Schrank.

Und schließlich sei festgehalten:

20 % der befragten Frauen hatten schon Sex mit dem Chef.

Davon heirateten 3 Paare.

In England wäre jede 5. Frau **(20 %)** bereit, mit ihrem Chef zu schlafen, wenn es der Karriere dient.

Für diese Befragung wurden 2.000 weibliche Angestellte zwischen 18 und 35 Jahren befragt.

> *Versuchungen sollte man nachgeben.*
> *Wer weiß, ob sie wiederkommen.*
> Anonymus
>
> Dieses Zitat sollten Sie nicht unbedingt befolgen

Analyse zum Sex am Arbeitsplatz

Einer Studie nach, die von der Europäischen Kommission in Auftrag gegeben wurde, sind etwa 40–50 % der weiblichen Mitarbeiter und etwa 10 % der männlichen Mitarbeiter schon einmal Ziel sexueller Belästigung geworden.

Nicht eingerechnet ist hierbei die Grauziffer. Der wirkliche Prozentwert wird wesentlich größer sein.

***An 1. Stelle** der Belästiger stehen Kollegen.*
***Die 2. Stelle** nehmen Kunden ein.*
***Auf der 3. Position** stehen Vorgesetzte.*

Männer werden häufiger als Frauen von Untergebenen belästigt.

Jede 10. der befragten Frauen würde sich hochschlafen

Viele ältere Mitarbeiterinnen wollen sich Sex mit Vorgesetzten lieber nicht vorstellen. Jüngere Mitarbeiterinnen sind da skrupelloser.

10 % dieser Gruppe würden sich den beruflichen Aufstieg erschlafen.

Jede 5. Frau findet im Büro die große Liebe, was nicht bedeutet, dass dies zur Ehe führt. Häufig endet das im seelischen Chaos.

Das Szenario einer Affäre zwischen Chefs und Mitarbeiterinnen ist offenbar nicht nur auf Groschenromane beschränkt. Es ist realitätsnäher, als man sich vorstellen kann.

10 % der Frauen im Alter zwischen 18 und 29 Jahren würden mit dem Vorgesetzten schlafen, um ihre Karriere zu beschleunigen.

Bei den über 30-Jährigen fällt die Zustimmung deutlich geringer aus. Hier können sich nur etwa 5 % Sex mit dem Chef als Karriereschub vorstellen.

Viele anständige Liebespärchen in Firmen befinden sich in der gleichen Hierarchiestufe.

Häufig gibt es in Firmen einen so genannten „Heiratsmarkt".

Die meisten der verliebten Mitarbeiter geben an, sich bei Treffen nach Feierabend nähergekommen zu sein.

Gut 25 % der Befragten gaben als Start einer Beziehung die Weihnachtsfeier, das Betriebs- oder Sommerfest an.

> *Sexy zu sein bedeutet im Moment zu sein, ob man nun eher zurückhaltend oder eher forsch ist. Dem anderen was vorzumachen ist immer blöd und kommt nie so an, wie man es gerne möchte."*
>
> Cameron Diaz, Schauspielerin USA

10 % fanden während der Mittagspause oder bei gemeinsamen Überstunden zusammen.

8 % der Befragten gaben an, schon einmal Sex im Büro gehabt zu haben.

Bei Chefs lag dieser Wert deutlich höher.

Besonders gerne geflirtet wird in der Produktion oder im Vertrieb. Beide Abteilungen werden als attraktive Jagdgebiete genannt.

Buchhaltung und Marketingabteilungen schaffen es im Flirtranking auf Platz 5.

Die geschilderte Umfrage wurde im Auftrag des Netzwerkes Xing durchgeführt. Es wurden 1.000 Personen befragt.

Sex mit Kunden incl. Erfahrungsbericht

Alle vorherigen Punkte können Sie auch auf Kunden übertragen. Es ist nicht selten, dass Sex mit Lieferantinnen oder Kundenbetreuerinnen im Gegenzug zu Aufträgen gefordert wird.

Nachstehend ein Erfahrungsbericht dazu:

Eine meiner Trainerkolleginnen erzählte mir folgende Geschichte.

Im Herbst wird in der Seminarbranche erfahrungsgemäß über die Verlängerung der Seminarvereinbarungen für Firmenseminare für die kommende Saison verhandelt. In diesem Zusammenhang werden entsprechende Festlegungen vereinbart.

Ihr größter Kunde wechselte im Juli den dafür zuständigen Bereichsleiter, ihren Verhandlungspartner. Dieser betonte bei ihrem Wunsch nach einem Gesprächstermin immer wieder, dass gegen eine

Verlängerung der weiteren Zusammenarbeit nichts spreche. Die Beurteilung ihrer Seminare durch die Firmenmitarbeiter sei ja sehr gut. Nur habe er wegen seiner Einarbeitung ein sehr enges Zeitfenster.

Kurz und gut, Anfang Oktober wurde sie von ihm angerufen. Er erklärte ihr, dass sich seine zeitliche Situation nicht geändert habe, er aber eine Lösung anbieten könne.

Ende Oktober habe er drei Tage Termine in New York, dabei könne man, wenn sie ihn begleite, abends in Ruhe „Nägel mit Köpfen" machen.

Er würde, wie bei ihm üblich, wieder im Waldorf Astoria übernachten und er könne leicht ein weiteres Einzelzimmer für 2 Nächte hinzubuchen. Sie sei übrigens eingeladen. Was sie von diesem Vorschlag halte?

Meine Kollegin war sprachlos und bat, um zu klären, wie es bei ihr terminlich in diesem Zeitraum aussähe, um eine Frist für ihre Entscheidung.

Am nächsten Tag sagte sie dann wegen vereinbarter Seminare in diesem Zeitraum ab.

Der Bereichsleiter reagierte sehr souverän. Er bedauerte ihre Entscheidung und versprach einen Termin an seinem Arbeitsplatz im November.

Meine Kollegin war beruhigt.

Einige Tage nach seiner Rückkehr aus den USA meldete er sich telefonisch und teilte ihr mit, dass sich seine Firma entschlossen habe, für das nächste Jahr einen anderen Trainer zu beauftragen.

Ein Trainerwechsel sei nach der langen Dauer der Zusammenarbeit sinnvoll. Man erwarte davon neue Impulse. Die Entscheidung sei gefallen und unumstößlich. Vielleicht komme man im darauf folgenden Jahr wieder zusammen. *Meine Kollegin war entsetzt, denn die Einnahmen aus diesen Firmenseminaren betrugen knapp 50 % ihrer gesamten Seminarhonorare.*

Außerdem waren die Seminare immer sehr erfolgreich, Ihre Beurteilungen durch die Teilnehmer immer bestens. Die Rahmenbedingungen waren in dieser Firma auch in Ordnung gewesen. Sie war sich völlig sicher, dass eine Vertragsverlängerung eine reine Formsache sei. Jetzt hatte sie für das kommende Jahr größere finanzielle Probleme.

Insbesondere belastete sie, dass sie durch den Einkommensverlust ihre Mutter nicht mehr finanziell unterstützen konnte.

Auf ihre Frage, was ich davon halte, entgegnete ich, dass ihre Entscheidung sehr ehrenwert gewesen sei.

Andererseits hätte sie sich rechtzeitig überlegen können, welche Folgen ein Bruch der Geschäftsbeziehung auch für ihre Familie bedeutet. Den **Worst Case** *zu verdrängen, ist nie vernünftig. Er holt sie bestimmt ein.*

Ich fragte sie, ob sie in ihrem Leben schon einmal mit einem Mann geschlafen habe, um am nächsten Morgen zu der Einsicht gekommen zu sein, dass sie auf diese Erfahrung auch gerne verzichtet hätte. Das bestätigte sie. Worauf ich noch meinte: „… und das zum Nulltarif."

Trotzdem achte ich ihre Entscheidung. Leider muss nicht nur sie, sondern auch ihre Mutter mit den Folgen klarkommen.

Sie sehen, nicht nur als Mitarbeiterin können Sie in diese Situationen kommen, auch als Lieferantin sind Sie nicht sicher.

Anmache ist für Kundenberaterinnen oder Frauen im Außendienst fast der Normalfall.

Gegen sexueller Anmache im Beruf schützen:

→ **Professionelles, kompetentes Outfit – keine sexy Kleidung.**
   Wollen Sie mit Kompetenz oder mit Sex überzeugen? Sie entscheiden.

- **Meiden Sie beruflich offene, lange Haare.**
  Kurze oder zurückgenommene Haare wirken kompetenter.
  Männer wollen gerne wühlen. Nicht nur privat.
- **Immer Kleidung tragen, die die Schultern bedeckt.**
- **Rasierte Arme, Beine und Achselhöhlen sind stilvoll.**
  Insbesondere bei dunkler Behaarung. Blonde Frauen haben es leichter.
- **Dezenter Ohrschmuck.**
  Vorzugsweise Ohrringe, etwa in der Größe und vom Umfang eines Eherings. Diese Form hat die höchste Kompetenzzuordnung. Es wirkt subjektiv.
- **Kein zu tiefer Ausschnitt.**
  Grundsatz: Je höher der Ausschnitt, umso höher die hierarchische Position.
- **Kein süßliches, sondern ein herbfrisches Deo.**

PremiumSeminare & PersönlichkeitsCoaching

Herb-frisches Parfüm oder Deo hat beruflich eine um das 7-Fache höhere Kompetenzzuordnung als liebliches oder süßliches.

- **Ein Kleid oder Rock sollte immer eine Handbreite unterhalb Ihres Knies enden.**
- **Nie bauchfrei oder zu knapp sitzende Hosen.**
Überzeugen Sie mit Kompetenz und nicht mit Ihren körperlichen Reizen.
- **Keine High Heels, sondern Pumps.**
Im Sommer Slingpumps. Der Absatz nicht höher als 4 cm.
- **Immer vollständige Strümpfe.**
Im Sommer 7 oder 9 Den. Wenn notwendig, mit Cooleffekt.
- **9–10 sichtbare Kleidungs- und Schmuckstücke gelten als stilvoll.**
Ab dem 11. erkennbaren Kleidungsstück gilt man als „überhängt".
Beispiel: 2 Ohrringe, sie gelten als 1 Schmuckstück, 1 Halskette, Uhr, Bluse, Hose oder Rock, Gürtel, 1 Paar Strümpfe, 1 Paar Schuhe, Ehering und/oder anderer Ring bzw.

Schmuckstück. Eine Brille wird nicht mit gezählt.

- **Reagieren Sie auf Machosprüche oder flapsige Bemerkungen zum Thema Sex oder Ihre Weiblichkeit sehr empfindlich und deutlich. Freundlich, aber unmissverständlich abweisend.**
  Werden Sie während Ihrer Zurückweisung mit Ihrer Stimme lauter. Das schreckt sehr ab.
- **Je früher Sie dem anderen Geschlecht Grenzen aufzeigen, umso eher wird diese Grenzziehung respektiert.**
- **Je länger Sie damit warten, umso schwieriger wird es.**

Das sollten Sie sich gut merken:

a. *Sie entscheiden, ob für Sie Sex mit Chefs, Kollegen oder Kunden infrage kommt.*

b. *Sie haben zumindest 3 Möglichkeiten, Ihr berufliches Weiterkommen zu beeinflussen.*

c. Sie sind in keiner Position und keinem Alter vor sexuellen Angeboten sicher.

d. Wenn Sie sich für Sex entscheiden, müssen Sie wichtige Punkte beachten.

e. Strikte Diskretion, auch gegenüber der besten Freundin, ist unabdingbar.

f. Beachten Sie die Warnsignale bereits bei Bewerbungsgesprächen.

g. Beachten Sie die in diesem Buch geschilderten unterschiedlichen Verhaltensweisen, wenn Sie sich für oder gegen ein Angebot zum Sex entscheiden.

h. Ein One-Night-Stand kann leicht zum Desaster oder zu einer „Never Ending Story" werden.

i. Bereiten Sie Ihre Kinder rechtzeitig auf mögliche sexuelle Anmache im Beruf vor.

j. Holen Sie dazu die Schule ins Boot.

k. Nehmen Sie die Statistiken in diesem Artikel zur Kenntnis.

l. Sexuelle Angebote an weibliche Geschäftspartner sind häufiger, als Sie denken. Bereiten Sie sich darauf vor.

m. Berücksichtigen Sie bei Ihrem Verhalten am Arbeitsplatz die Schutzmechanismen vor sexuellen Belästigungen.

n. Sexuelle Angebote auch nachdrückliche an männliche Mitarbeiter und Lieferanten sind nicht selten. Bereiten Sie sich darauf vor. Es gelten im Prinzip die gleichen Verhaltensweisen wie bei Frauen

> *Die Frau kontrolliert ihren Sex, weil sie für Sex all das bekommt, was ihr noch wichtiger ist als Sex.*
> Esther Vilar

Unklug! Per Du, mit einer Mitarbeiterin, nach der Geschäftsreise.

Bei einem meiner Kollegen konnte ich erleben, welche Probleme eine „Du-Situation" bereiten kann.

Die Führungskräfte unserer Firma besuchen regelmäßig die IKOFA in Köln. Aufgrund der vielen Kontakte und Anschlussarbeiten begleitete uns meist eine Mitarbeiterin.

Einer meiner Kollegen wurde von einer sehr attraktiven und tüchtigen Assistentin begleitet. Er berichtete nach der Messe von seinen neuen Kontakten. Dabei ist uns aufgefallen, dass er jetzt seine Mitarbeiterin duzte. Vor dem Messebesuch hatten sie sich noch gesiezt. Ich bemerkte, wie sich die Kollegen spöttische Blicke zuwarfen.

Die Bemerkungen hinter seinem Rücken nach der Besprechung lauteten: Jetzt hat er es geschafft. Auf der Messe haben sie miteinander geschlafen. Deshalb sind sie jetzt per Du.
Schnell war das ein Thema in internen Gesprächen. Quer durch die Firma. Die Latrinenparolen waren voll am Laufen.

Es war Firmengespräch. Jeder hörte es, nur die beiden Betroffenen nicht. Das ging einige Zeit so.

Endlich, nach etwa 6 Wochen, kam es den beiden zu Ohren. Weil sie diese Gerüchte nicht wollten (wahrscheinlich hatten sie auch nichts miteinander), stimmten sie sich ab und siezten sich wieder.

Das beschleunigte nur noch die Gerüchte. Sie begannen wieder voll zu laufen. „Jetzt darf er nicht mehr ..." war noch gelinde ausgedrückt. Häme und Schadenfreude waren stark vertreten. Damit Ihnen auf dem Weg nach oben dies nicht passiert und zu einer Karrierebremse wird, sollten Sie Folgendes beachten:

1. Wo immer es möglich ist, übernachten Sie mit weiblichen Mitarbeiterinnen nicht im gleichen Hotel.

2. Sollte sich dies nicht einrichten lassen, dann vermeiden Sie in nebeneinanderliegenden Zimmern oder auf dem gleichen Stockwerk zu übernachten.
3. Reisen Sie nie per Sie ab und kommen per Du zurück.
4. Verabreden Sie lieber während der Geschäftsreise, dass Sie dies nebenbei nach Ihrer Rückkehr in die Firma angehen.
5. Vermeiden Sie auf Geschäftsreisen gemeinsame Abende mit Mitarbeiterinnen und Kolleginnen.
6. Ausnahme: Die Veranstaltungen finden gemeinsam mit anderen Geschäftspartnern statt, die so genannten „Muss-Termine".

Wo Ihnen gegen sexuelle Anmache oder Belästigungen geholfen wird erfahren Sie ab der Seite 75

Kapitel 2 – sexuelle Belästigung im Studium

Nur sehr wenige Studentinnen ahnen, wie hoch die Quote der sexuellen Belästigung oder Anmache im Studium ist. Sie glauben nicht, was eventuell auf sie zukommt. Leider ist das nach Berichten von Studentinnen der Alltag.

Lassen Sie sich von den nachstehenden Zahlen überraschen. Legen Sie sich rechtzeitig eine Strategie, zu wie Sie darauf reagieren. Zuerst die Zahlen, danach zu den Möglichkeiten, sich zur Wehr zu setzen.

Im Wintersemester 2010/2011 wurden rund 13.000 Studentinnen an 16 deutschen Hochschulen zum Thema sexuelle Übergriffe befragt. Das Ergebnis: Jede zweite Studentin (54,7 %) gab an, schon einmal sexuell belästigt worden zu sein. Die meisten Übergriffe passierten außerhalb der Hochschule. Allerdings: 28,7 % wurden auf dem Campus zum Opfer.

9,4 % wurde nachgepfiffen. 18,8 % beklagten, dass ihnen jemand unnötig nahekam. 18,3 % mussten Kommentare zu ihrem Körperbau ertragen. 9,3 % wurden unfreiwillig geküsst oder begrapscht.

Stalking per Telefon und E-Mail
Auch hier machen Studentinnen schlechte Erfahrungen.
11.500 von ihnen beantworteten die Onlinefragebogen.
22,8 % wurden schon gestalkt. 14,2 % berichteten über Stalking per Telefon, SMS und E-Mail. 4,4 % der Befragten wurde aufgelauert. 3,8 % wurden ausspioniert.
Erfahrungen mit sexueller Gewalt sind gegenüber Studentinnen eher selten. Diese Fragen haben 11.100 Teilnehmerinnen beantwortet. Über erzwungene intime Berührungen berichteten 1,3 %, über gewaltsamen Geschlechtsverkehr 1,1 %.

Die Täter sind häufig Kommilitonen. Der Täter kam häufig aus dem Umfeld der Hochschule. In 82 % der Fälle waren es Kommilitonen und nur sehr selten (9,7 %) ein Dozent. Leider ziehen sich die Opfer oft zurück. Viele bringen die Tat nicht zur Anzeige. Die meisten, so die Begründung, hätten Angst vor dem künftigen Umgang mit dem Täter. Oft zweifelten die Frauen auch an sich selbst. Sie stellten sich die Frage, ob sie vielleicht den Täter ermutigt hätten. Auch die Antidiskriminierungsstelle (ADS) des Bundes bestätigt, dass die wenigsten Betroffenen sich zu einer Anzeige durchringen können. „Übergriffe bleiben häufig ungeahndet, was entsprechende Gegenmaßnahmen erschwert", heißt es etwa im Abschlussbericht des ADS-Projektes „Diskriminierungsfreie Hochschule".

So wehren sich Studentinnen

Mancher sieht in der Uni die perfekte Flirtbühne. Annäherungsversuche können aber schnell nerven, wenn sie zu weit gehen. Dazu gehören nicht nur unerwünschte Berührungen, sondern auch anzügliche Bemerkungen oder Gesten.
„Die meisten Belästigungen sind verbal", hat Margit Weber beobachtet. Sie ist Frauenbeauftragte der Universität München. Wer sich durch „Blondchen"-Sprüche erniedrigt fühlt, sollte das sofort ansprechen. Werden Sie im Laufe Ihrer verbalen Gegenwehr im Satz lauter. Das schreckt ab und erschreckt. Oft werde dem Gegenüber sein Verhalten dann erst bewusst.
Manche Sprüche mögen noch als Witz gemeint sein. Bei einem Klaps auf den Hintern hört der Spaß definitiv auf.
„Hier gilt es, ein klares Nein zu äußern", rät die Pädagogin. In jedem Fall müsse klar werden, dass das Verhalten unerwünscht ist. Scherzhafte Bemerkungen seien dagegen uneffektiv und führten eher dazu, die Situation zu verharmlosen.

Keinesfalls dürften Studentinnen es ignorieren, wenn andere aufdringlich werden. „Das wird häufig als Zustimmung gewertet", erklärt Weber.

Mitunter würden lästige Anmachsprüche des Betreuers aber verdrängt oder billigend in Kauf genommen, wenn eine Studentin ihre Examensarbeit schreibt, glaubt Anja Gadow vom Dachverband der Studentenschaften in Deutschland (fzs) in Berlin. „Da der Leistungs- und Notendruck hoch ist, trauen sich viele Betroffene nicht, gegen die Belästigung vorzugehen."

Häufig gehen Gadow zufolge Schuldgefühle und das Empfinden eines persönlichen Makels mit der emotional belastenden Situation einher. Denn Reaktionen wie „Du bist ja selbst schuld" seien nicht selten. „An der sexuellen Belästigung haftet immer noch ein Stigma." Größer als die Angst durchzufallen sei für viele Betroffene der Gedanke, dass der Vorfall vom Dozenten geleugnet und ihnen von offizieller Seite nicht geglaubt wird, ergänzt Weber. Bekommen Studentinnen etwa aufdringliche E-Mails oder SMS-Nachrichten, sollten sie diese unbedingt aufbewahren und nicht etwa löschen.

Der eigene Freundeskreis ist laut Gadow eine erste Anlaufstelle, um sich jemandem anzuvertrauen. Zudem sollten Betroffene eine Beratungsstelle aufsuchen. „Alle Gespräche können anonym geführt werden und unterliegen der Schweigepflicht", erläutert Astrid Schäfer vom Deutschen Studentenwerk in Berlin. Im Gespräch gehe es darum, die eigene Situation zu schildern, um Frust und Scham loszuwerden. Unternommen werde erst mit Einwilligung der Betroffenen etwas.

Dann aber rigoros: Zunächst wird laut Weber mit dem Belästiger gesprochen, der sich zu dem Vorfall äußern muss. „Im Anschluss ist eine temporäre Suspendierung möglich, bis sich die Vorwürfe entkräften lassen", ergänzt Volker Drothler, Leiter der Rechtsabteilung an

der Universität Marburg. Dem Belästiger droht eine Versetzung oder gar die fristlose Kündigung. Studenten müssen mit der Exmatrikulation rechnen, Beamte zusätzlich mit einem Disziplinarverfahren. „In schweren Fällen wie Vergewaltigung, Nötigung oder Stalking droht zudem ein strafrechtlicher Prozess."
(Quellen: mais und dpa)

Erfahrung einer Studentin

Magdalena (29), Dolmetscherin:
„An der Uni war ich total in den Sozialkundelehrer verknallt. Ich hätte nie geglaubt, dass er sich auch für mich interessiert. Eines Abends bin ich nach dem Kurs zu ihm gegangen, weil ich eine Frage zu meiner Hausarbeit hatte. Er war so wie immer, hat sich dann aber plötzlich verwandelt, als die anderen Studenten draußen waren. Er griff mir an die Hüften, streifte mir über den Po und drückte mich fest an sich, um mich zu küssen. Ich hatte gar nicht die Zeit zu begreifen, was abgeht. Und es ging ab.

Unsere Affäre ging nach ein paar Monaten in die Brüche. Bei den Sozialkundevorlesungen war ich danach jedenfalls immer anwesend! Niemand bemerkte etwas."

Quelle: www.gofeminin.de

Kapitel 3 – sexuelle Situation an Schulen

Sexuelle Belästigung durch Lehrer findet häufiger statt, als man denkt. Anzügliche Bemerkungen, scheinbar zufällige Berührungen oder abschätzende Kommentare über die Figur sind keine Kavaliersdelikte und können schwer bestraft werden. Das Problem dabei ist die Dunkelziffer. Eine Studie der Universität Bremen hat ergeben, dass 4,3 % aller <u>Schüler</u> ab der siebten Klasse durch Lehrer mit Worten sexuell belästigt werden. 3,3 % der Befragten berichteten sogar von körperlich-sexuellen Übergriffen. Die Folge ist in erster Linie Angst. Angst, dass einem nicht geglaubt wird, aber auch Angst, bei den Noten benachteiligt zu werden. Also schweigen die Opfer.

Erinnerung einer Schülerin

Fast alle Mädchen der 9c schwärmten für den neuen Englischlehrer, das blieb dem 32-Jährigen nicht verborgen. Man merkte ihm an, dass er die Situation genoss. Flapsige Bemerkungen waren an der Tagesordnung und nicht selten vergriff der Lehrer sich dabei im Ton.
„Wenn ich ehrlich bin, habe ich es schon darauf angelegt, ihn nervös zu machen und dabei meine Mitschülerinnen auszustechen", erinnert sich Astrid. Die Geschichte ist lange her, aber bis heute verspürt sie einen üblen Nachgeschmack, wenn sie daran zurückdenkt. „Für mich war es ein Spiel. In erster Linie ging es mir darum, mir zu beweisen, dass ich diese Nuss knacken könnte." Und die Nuss ließ sich nur zu gern knacken. Nach ein paar Wochen fuhr die Klasse auf Klassenfahrt und beim abschließenden

Lagerfeuer blieben zwei länger sitzen als die anderen.

"Bis zum ersten Kuss habe ich mich gefühlt wie eine Königin. Aber ab diesem Zeitpunkt fühlte sich alles falsch an. Jede seiner Berührungen war irgendwie komisch, in meinem Inneren wusste ich, **dass es nicht richtig war.** *Doch es hat viele Wochen gedauert, bis ich es geschafft habe, ihm klarzumachen, dass ich das alles nicht will."*

Als Astrid den ehemaligen Lehrer Jahre später auf einem Klassentreffen wiedersieht, sind da nur noch Scham und Ekel. Auch vor sich selbst. Heute noch. Ein Gefühl, das viele Mädchen in einer ähnlichen Situation trifft. Sie geben sich selbst die Schuld. Und so manches Mal verstummen auch die Kommentare über zu kurze Röcke oder zu große Ausschnitte nicht.

Die Sicherheit Schutzbefohlener sollte oberste Priorität haben

Dabei ist es der Lehrer, der es keinesfalls hätte soweit kommenlassen dürfen. Er trägt die Verantwortung. Lässt sich ein Lehrer den Kopf verdrehen und dazu hinreißen, Grenzen zu überschreiten, so macht er sich strafbar. Allerdings haben die Gerichte dabei Spielraum. Das zeigt eine Entscheidung des Oberlandesgerichts Koblenz, das einen Lehrer in letzter Instanz freisprach. Ihm wurde vorgeworfen, in 22 Fällen <u>Sex mit einer 14-jährigen Schülerin</u> gehabt zu haben. Allerdings war er nur der Vertretungslehrer und damit war er, so das Gericht, nicht maßgeblich an der Erziehung beteiligt. Der Freispruch ist reichlich umstritten und hat auch die Politik auf den Plan gerufen. Die damalige Bundesbildungsministerin Annette Schavan (CDU) teilte mit, dass die Schulgesetze diesbezüglich überprüft werden müssten. Die Sicherheit Schutzbefohlener habe oberste Priorität.

Hier spielt auch die Moral eine Rolle

Denn bei einem Schüler handelt es sich grundsätzlich um einen Schutzbefohlenen in einem besonderen Abhängigkeitsverhältnis. Eine Beziehung zwischen Lehrer und Schüler steht also immer unter dem Verdacht, dass das Abhängigkeitsverhältnis ausgenutzt werden könnte. Selbst dann, wenn der Schüler über 18 Jahre alt ist. Das Beamtenrecht ist hier sehr streng. Schließlich beruht es nicht nur auf rechtlichen Standpunkten, sondern beinhaltet auch moralische Vorgaben und Wertvorstellungen, die wiederum den Hintergrund für das Verbot einer Beziehung zwischen Lehrer und Schüler abgeben. Das Disziplinarrecht behält sich daher vor, Verfehlungen zu verurteilen und zu bestrafen.

Schüler werden oft nicht ernst genommen

Dass es überhaupt so weit kommt wie zwischen Astrid und ihrem Englischlehrer, ist aber trotzdem wohl eher selten. Viel häufiger sind anzügliche Bemerkungen, Berührungen wie durch Zufall, „Hilfestellungen" im Sportunterricht – die

Varianten sexueller Übergriffe von Lehrern auf Schüler sind zahlreich. Meist sind sie nicht wirklich greifbar und hinterlassen lediglich einen faden Nachgeschmack. Die Schüler sind dann verunsichert, wissen nicht, wie sie sich wehren sollen, vermuten, dass sie sich alles nur einbilden, oder bekommen keinen Rückhalt, wenn sie sich zum Beispiel ihrer Familie anvertrauen. Herunterspielen ist hier eine gängige Methode. Man hat keine Beweise und schiebt schnell alles auf die Hormone und die damit zusammenhängende Überempfindlichkeit.

Lieber schweigt man, als einen falschen Verdacht auszusprechen

In jeder Schulart kommen sexuelle Übergriffe vor, die weit überwiegende Mehrheit der Täter ist männlich, die Opfer sind weiblich. Die Kollegen können es sich nicht vorstellen und haben manchmal auch einfach Angst um ihren eigenen guten Ruf beziehungsweise den der Schule, wenn etwas ans Licht kommt. Sexueller Missbrauch ist schließlich ein Vorwurf, den man nicht einfach so in den Raum wirft. Selbst die Schulleitungen sind verunsichert und wissen oft nicht, wie sie auf eine Beschuldigung reagieren sollen. Auf der Seite von „Zartbitter e.V.", einer Kontakt- und Informationsstelle gegen sexuellen Missbrauch an Mädchen und Jungen, heißt es unter anderem zu diesem Thema: „In den meisten Fällen sexueller Ausbeutung von Mädchen und Jungen in Institutionen beschreiben zumindest einige Mütter und Väter, Kolleginnen und Kollegen, dass sie ‚immer schon so ein komisches Gefühl' gehabt hätten, jedoch keinen falschen Verdacht hätten aussprechen wollen." Man rät hier, jeden Verdacht grenzverletzender Verhaltensweisen von Kollegen und Kolleginnen im Team zu verbalisieren oder im Gespräch mit anderen Eltern die eigene Beobachtung sachlich zu benennen beziehungsweise sich die Unterstützung einer Beratungsstelle zu holen.

Ist die Grenze mit einem Schulterklopfen bereits überschritten?

Ganz klar, es handelt sich bei Lehrern, die bewusst sexuelle Übergriffe auf ihre Schüler starten, um schwarze Schafe. In den letzten Jahren sind den Schulbehörden beziehungsweise der Polizei nur wenige gravierende Fälle bekanntgeworden. Wobei die Betonung auf „gravierend" liegt.
Die meisten Lehrer halten Distanz zu ihren Schülern. Körperkontakt ist nicht notwendig, nicht erwünscht und vor allem kann er schnell falsch interpretiert werden. Einerseits. Auf der anderen Seite ist hier eine Grenzziehung sehr schwierig. Wird diese zum Beispiel bei einem ermutigenden Schulterklopfen bereits überschritten? Auch Richtlinien, wie sich ein Lehrer verhalten soll, können immer nur Richtlinien sein - abhängig von der Situation und dem Verhältnis der Klasse zum Lehrer, so der Tenor der Lehrkräfte auf entsprechenden Internetseiten. „So sinnvoll ich einerseits Seiten wie ‚zartbitter.de' finde, so oft

habe ich auch das Gefühl, dass hier nicht selten der realistische Blick verloren wird", fasst es die Nutzerin einer Referendarseite zusammen. „Wenn all das, was dort als Grenzverletzung beschrieben wird, schon beginnende (sexuelle?) Übergriffe sind, hätten sich 99,9 % aller Lehrer wohl schon strafbar gemacht."

Das persönliche Empfinden des Schülers ernst nehmen

Inge Spies, Schulleiterin des Johannes-Scharrer-Gymnasiums in Nürnberg, erklärt in einem Interview mit der schuleigenen Schülerzeitung, wo für sie sexuelle Belästigung beginnt: „Sexuelle Belästigung fängt für mich dann an, wenn ich mich in meiner Persönlichkeit verletzt fühle. Man kann die Grenzen eigentlich nicht richtig festlegen." Sie schlägt vor, den Lehrer anzusprechen, wenn einem etwas unangenehm ist. Wem das zu direkt ist, der kann entweder einen Verbindungslehrer aufsuchen oder auch zu den Mediatoren gehen, um dem entsprechenden Lehrer ein Signal zu geben, dass er sein Verhalten ändern muss. „Ich finde es besonders wichtig, dass man das persönliche Empfinden der Schülerin oder des Schülers ernst nimmt."

Man kann sich auch anonym Rat und Hilfe holen

Wird ein Kind oder Jugendlicher von einer Lehrkraft sexuell belästigt, so wird aus Scham oder Angst häufig geschwiegen – wie immer bei sexuellem Missbrauch. Und auch, wenn ein Lehrer dabei keine Gewalt anwendet, so nutzt er doch seine Überlegenheit und Macht zur Befriedigung eigener Bedürfnisse aus.

Sexuell belästigte Kinder zucken bei Berührungen oft zusammen, leiden unter starken Stimmungsschwankungen oder unkontrollierten Wutausbrüchen, zeigen Essstörungen oder drücken sich vor bestimmten Unterrichtsstunden. Aber dies können auch Anzeichen für ganz andere

Probleme sein. Genau hinschauen muss man auf jeden Fall. Hilfe finden sowohl Betroffene als auch deren Eltern bei Vereinen wie „Wildwasser" oder „Zartbitter" beziehungsweise dem Deutschen Kinderschutzbund. Auch unter der „Nummer gegen Kummer" oder anderen Krisentelefonen findet man Unterstützung. Anonym und kostenlos
Quelle: Simone Blaß, t-online.de
Manchmal frage ich bei Schülerinnen der Abschlussklassen, wie hoch der prozentuelle Anteil ihrer Klassenkameradinnen ist die bereit sind, sich gute Noten zu erschlafen. Als Antwort wird immer wieder eine Zahl von etwa 2/3 genannt. Ich bemerke allerdings, dass dies schulabhängig ist. In reinen Mädchenschulen habe ich das Gefühl, dass dort die Werte geringer sind. Außerdem scheint es auch von den jeweiligen Schulleitungen abhängig zu sein. Ich gehe davon aus, dass diese genannten 2/3 sich halbieren, wenn es darum geht, wer es dann wirklich tut.

Ich bin überzeugt: Die Eltern dieser Schülerinnen würden aus allen Wolken fallen, wenn sie von der Bereitschaft oder Durchführung der Absichten ihrer Tochter erfahren würden.

Häufig können sie sich die Realität nicht vorstellen, wollen nichts von ihr wissen oder verdrängen sie.

Die andere Seite der Medaille

Meiner Meinung nach wird der Grundstein für den späteren Umgang mit der Situation „Sex im Beruf" bereits in der Schulzeit gelegt.

Viele junge Menschen sind im Beruf von diesem Ansinnen ihres Kollegen oder Vorgesetzten überfordert. Sie wurden von ihrem Elternhaus im Stich gelassen und nur in den wenigsten Fällen auf diese Situation vorbereitet. In meinen Seminaren schule ich regelmäßig Schüler und Schülerinnen der Abschlussklassen über berufliche und private Umgangsformen. Die meisten stehen vor der Bewerbung zum Praktikum oder haben ein oder mehrere Praktika absolviert. Die Ausbildungszeit steht an. Dabei kommen wir auch als Randthema auf sexuelle Anmache am Arbeitsplatz zu sprechen. Eine meiner ersten Fragen an die jungen Frauen lautet dann: „Wurden Sie auf sexuelle Anmache am Arbeitsplatz vorbereitet? Wer hat mit Ihnen dieses Thema besprochen und Ihnen Verhaltensmöglichkeiten aufgezeigt?" Nur mit sehr wenigen Schülerinnen wird im Elternhaus rechtzeitig über dieses Thema gesprochen.

In wenigen Schulen wird dieses Thema im Unterricht angesprochen. Meist werden jungen Frauen **keine** Verhaltensratschläge vermittelt.

Sie werden mit der Situation alleine gelassen!

Mein Rat an Eltern

Holen Sie die Schule mit ins Boot der Verantwortung.

Ich empfehle Ihnen, bei Elternabenden anzuregen, dass in der Schule – zusätzlich zum Elternhaus – diese Situation frühzeitig lösungs- und praxisorientiert besprochen wird.

Mädchen benötigen Hinweise zu ihrem Verhalten und ihrer Kleidung, wenn sie nicht in die „Sex-Falle" tappen sollen.

Wenn dann meine Teilnehmerinnen, immer noch Azubis, über 20 Jahre alt sind, sprechen sie dieses Thema im Seminar meist selbst an. Sie brauchen Rat. Allerdings ist es dann für ihr Problem mit der ersten Anmache meist zu spät. Sie suchen den Rat für künftige Situationen. Auf meine Frage, wer schon eine Anmache erlebt hat, bin ich immer wieder überrascht, dass die betroffene Gruppe erstaunlich groß ist. Natürlich ist es der kleinere Teil, aber 20 % der jungen Frauen, die mir dies bestätigen, sind 20 % zu viel. Wahrscheinlich ist die Dunkelziffer höher.

Ich möchte nicht wissen, wie viele junge Frauen sich nicht zu helfen wissen und deshalb die Avancen annehmen.

Es ist für unerfahrene junge Frauen etwas Tolles, Aufregendes, wenn man vom Chef oder von älteren Kollegen begehrt wird und mit ihm Sex hat.

Auch zum Thema „hochschlafen" kommen von meinen Teilnehmerinnen gezielte Fragen.

Ich bin erstaunt, wie viele der jungen Fragestellerinnen durchaus bereit sind, „sich hochzuschlafen". Junge Menschen denken offensichtlich teilweise sehr karriere- und einkommensbezogen.

Ab etwa 18 Jahre steigt der Anteil der dazu bereiten jungen Frauen.

Ab dem 30. Lebensjahr verringert er sich wieder.

Letzthin meinte eine junge Frau: „Lieber erhalte ich die Stelle als meine Rivalin. Ich habe schon mit einigen Männern geschlafen. Am nächsten Tag dachte ich manchmal, das hätte ich auch nicht gebraucht. Beim ‚Hochschlafen' habe ich zumindest einen Vorteil."

Ich betone dann, dass die sicherste und nachhaltigste Art und Weise, Karriere zu machen, eine überdurchschnittliche berufliche Leistung und Einsatz sei.

Hilfe bei Belästigung oder Anmache

Zuerst die Klärung der Frage, was sexuelle Belästigung ist:

Ein Kollege macht obszöne Witze oder sexuelle Anspielungen, fasst eine Frau gegen ihren Willen an, bedrängt sie körperlich oder hängt Nacktfotos in seinem Büro auf. All das sind sexuelle Belästigungen nach Paragraph 3 Absatz 4 des AGG: Eine sexuelle Belästigung ist eine Benachteiligung (…), wenn ein unerwünschtes, sexuell bestimmtes Verhalten, wozu auch unerwünschte sexuelle Handlungen und Aufforderungen zu diesen, sexuell bestimmte körperliche Berührungen, Bemerkungen sexuellen Inhalts sowie unerwünschtes Zeigen und sichtbares Anbringen von pornographischen Darstellungen gehören, bezweckt oder bewirkt, dass die Würde der betreffenden Person verletzt wird, insbesondere wenn ein von Einschüchterungen, Anfeindungen, Erniedrigungen, Entwürdigungen oder Beleidigungen gekennzeichnetes Umfeld geschaffen wird.

Etwa 70 % der von sexueller Anmache oder Belästigung betroffenen Personen ist nicht bekannt, wie bzw. wo Sie dagegen vorgehen können. Deshalb nachstehend einige Möglichkeiten:

Trennen Sie, ob Sie von einem Kollegen oder Vorgesetzten angemacht werden.

Beim Kollegen sollte der erste Weg zu Ihrem Vorgesetzten führen. Sollte dies erfolglos sein, können Sie die folgenden Wege wählen.

Azubis können sich, wenn Ihre Firma einen Ausbildungsvertreter hat, bei diesem beschweren.

Gibt es diese Vertretung nicht, ist eine weitere Möglichkeit die Beschwerde beim Betriebsrat.

In manchen Betrieben gibt es eine Frauenbeauftragte. Das ist ebenfalls eine gute Alternative.

Wenn keine der genannten Möglichkeiten besteht, bleibt als nächster Schritt die Beschwerde beim Firmeninhaber.

Generell muss man wissen und beachten. Geht die Angelegenheit vor Gericht, liegt die Beweislast bei der Frau.

Was muss der Arbeitgeber tun?

Der Arbeitgeber steht gesetzlich in der Pflicht, betroffene Beschäftigte umfassend vor Belästigungen zu schützen. Er muss deutlich machen, dass er den Vorfall ernst nimmt und darf ihn nicht verharmlosen – egal, ob es sich bei den Tätern um Vorgesetzte, Kollegen oder Kunden handelt. Es liegt in seinem Ermessen, welche Maßnahmen er trifft und für angemessen hält, etwa Abmahnungen, Hausverbote bis hin zur fristlosen Kündigung. Unabhängig von der zivilrechtlichen Verfolgung von Vorwürfen der sexuellen Belästigung können Vorfälle natürlich auch strafrechtlich geahndet werden.

Was tun, wenn man Sie sexuell belästigt

Wichtig ist, dass Sie die Belästigung ernst nehmen und reagieren. Dafür gibt es verschiedene Möglichkeiten:

1. Suchen Sie sich Hilfe, um über Ihre Erfahrungen zu sprechen, etwa bei der Beschwerdestelle im Betrieb oder dem Betriebsrat.

2. Informieren Sie Ihren Arbeitgeber. Er hat die Pflicht, Sie vor sexueller Belästigung zu schützen.

3. Sagen Sie der entsprechenden Person, dass Sie sich durch ihr Verhalten belästigt fühlen und machen Sie deutlich, dass Sie das nicht mehr wünschen.

Sollte Ihr Gegenüber nicht reagieren, kündigen Sie Konsequenzen an.

4. Führen Sie ein Gedächtnisprotokoll oder „Belästigungstagebuch". Sie können sich an die Beraterinnen und Berater über das Beratungstelefon
(030) 18 555 - 18 65 bei der Antidiskriminierungsstelle des Bundes (ADS) Berlin wenden. Auch Ihre regionalen Frauenberatungsstellen und -notrufe werden Ihnen sicher weiterhelfen.

Impressum

☐ 1. Auflage 2015
Autor: Karl Hermann Künneth
Riesstraße 84
80993 München
Fon: +49 89 3077 9520
Fax: +49 89 3077 9519
www.premiumseminare.de
Druck und Verlag:
BOD Norderstedt

ISBN: 9 783 734 783 036

K.H. Künneth veröffentlichte auch dieses Buch

Restaurantbesuche, Geschäfts-. Arbeitsessen pannen-und stressfrei:
Die Dos und Taboos" für entspanntes Essen und Einladungen

Wir gehen pannen- und stressfrei essen. In diesem Buch vermittelt der kompetente Autor seine Erfahrungen als Gast und nicht als Testesser in normalen Gasthöfen bis zur internationalen Sternegastronomie. Ebenso werden die „Dos und Taboos" im Verlauf von Geschäfts- und Arbeitsessen erklärt. Alle wichtigen Punkte um Einladungen als Gast oder Gastgeber werden beschrieben. Das Buch ist Ihr wichtiger, täglicher Ratgeber. Jede Einladung meistern Sie künftig ohne Aufregung. Sie wissen, wie es geht. Dieses Buch beinhaltet z. B.: die Tischmanieren, das feinere Essen, den Handtaschenhocker. Der Umgang mit dem Besteck, dem Gourmetlöffel, der Serviette und die korrekte Haltung am Tisch. Natürlich werden Amuse Gueule und Bouche und die Fingerschale erklärt. Beachtenswertes zum Frühstück, Champagner, Sensis Plus Glas, iPad am Tisch. Das Geschäfts-, Kantinen- und Arbeitsessen. Pflichten und Rechte der Gastgeber und Gäste. Das Bezahlen der Rechnung und Trinkgelder. „Dieses Buch ist jeden Euro wert". „Das Buch geht auch auf außergewöhnliche Punkte ein". „Kein Fehlkauf". Das waren die ersten Kommentare unserer Testleser.

132 Seiten / LVP – Printausgabe 9.95 □
Erstauflage April 2015
ISBN : 9 783734 783 043